westermann

Fit in der Grundschule

# 10-Minuten-Trainer

# Grammatik

Klasse 3

Fit in der Grundschule
**10-Minuten-Trainer**

Grammatik

Die Autorin:
**Katja Vau** ist Grundschullehrerin und arbeitet als Autorin für Schulbücher, Unterrichtsmaterialien und Lernhilfen.

Bildquellen: | iStockphoto.com, Calgary: FCastello Titel | Shutterstock.com, New York: Anna Pasichnyk 21.1; BearFotos 12.2; brizmaker 46.2; Marco Frino Fotografo 6.2; Orest lyzhechka 48.2. | stock.adobe.com, Dublin: Michael Pedrotti 8.2. | Feldhaus, Hans-Jürgen, Münster: alle Illustrationen im Heft und auf dem Stickerbogen



Druck A[1] / Jahr 2023
Alle Drucke der Serie A sind im Unterricht parallel verwendbar.

Redaktion: Marion Clausen, Berlin
Kontakt: lernhilfen@westermanngruppe.de
Illustrationen: Hans-Jürgen Feldhaus, Münster
Umschlaggestaltung und Layout: Janssen Kahlert Design & Kommunikation GmbH, Hannover
Umschlagfoto: iStockphoto.com, Calgary: FCastello
Druck und Bindung: Westermann Druck GmbH, Georg-Westermann-Allee 66, 38104 Braunschweig

ISBN 978-3-07-**003005**-4

# Vorwort

Liebe Schülerin, lieber Schüler,

du bist in der dritten Klasse und willst im Fach Deutsch richtig fit werden? Dann ist der **10-Minuten-Trainer** genau das Richtige für dich! Mit diesem Arbeitsheft kannst du alle wichtigen Inhalte des Lernbereichs **Grammatik** wiederholen und üben.

Zu jedem Thema gibt es eine **Doppelseite**, die du in 10 Minuten bearbeiten kannst. So wird der Stoff in übersichtliche Einheiten gegliedert, die dir das Lernen erleichtern.

Anschaulich erklärte **Regeln** und **Tipps** helfen dir bei der Bearbeitung der Aufgaben.

Natürlich gibt es in diesem Heft auch einen **Lösungsteil**, mit dessen Hilfe du überprüfen kannst, ob du die Übungsaufgaben richtig bearbeitet hast. Du findest ihn ab Seite 56.
Übrigens: Für jede gelöste Doppelseite darfst du dich mit einem **Erfolgssticker** belohnen. Klebe ihn einfach in das dafür vorgesehene Feld.

Und damit deine Eltern dich auf deinem Weg durch die dritte Klasse noch besser unterstützen können, haben wir im Internet unter **www.westermann.de/fit-in-der-grundschule** hilfreiche Tipps und praktische Checklisten für sie zusammengestellt.

Viel Erfolg beim Üben mit dem **10-Minuten-Trainer**!

Dein Lernhilfen-Team

# Inhaltsverzeichnis

## Wortart Nomen



## Wortart Verb



## Wortart Adjektiv

## Der Satz: Satzglieder



## Der Satz: Satzarten und Satzzeichen

# Nomen ordnen

Nomen sind Wörter für **Menschen, Tiere, Pflanzen oder Gegenstände**.
Sie werden **großgeschrieben**.
Menschen: das **Kind**, die **Mutter**
Tiere: die **Spinne**, der **Fisch**
Pflanzen: der **Klee**, das **Gänseblümchen**
Gegenstände: das **Wasser**, der **Schuh**

**1 Lies erst einmal den Text über Höhlen.**

Viele Kinder möchten gern einmal eine Höhle besichtigen. Manche Höhlen dürfen nur Forscherinnen und Forscher betreten. Höhlen, die für Besuche freigegeben sind, heißen Schauhöhlen. Dort sind dann Wege und Treppen eingebaut. Die meisten Schauhöhlen in Deutschland sind Tropfsteinhöhlen. Tropfsteine hängen von der Decke herab oder wachsen vom Boden aus in die Höhe. Das kannst du auf dem Foto gut erkennen. Eishöhlen bestehen, wie der Name schon sagt, aus Eis. In manchen Höhlen gibt es Wasser; einige können sogar mit einem Boot befahren werden. In Höhlen findet man wenig Pflanzen, meist sind es Moose oder Algen. Einige Tiere leben dauerhaft oder zeitweise in Höhlen, zum Beispiel Fische und Fledermäuse.

**2** **Im Text sind einige Nomen für Menschen, Tiere, Pflanzen und Gegenstände markiert. Schreibe sie geordnet auf.**

Menschen (3):

..............................................................................................................

..............................................................................................................

Tiere (2):

..............................................................................................................

..............................................................................................................

Pflanzen (2):

..............................................................................................................

..............................................................................................................

Gegenstände (6):

..............................................................................................................

..............................................................................................................

**3** **Schreibe bei Aufgabe 2 noch jeweils zwei Menschen, zwei Tiere, zwei Pflanzen und zwei Gegenstände dazu. Du kannst Wörter aus dem Wörterkasten nehmen oder dir eigene ausdenken.**

Busfahrer ■ Auto ■ Osterglocke ■ Nashorn
Oma ■ Sand ■ Katze ■ Tanne

Hier kannst du deinen Erfolgssticker einkleben.

Wortart Nomen

# Nomen erkennen

Nomen sind Wörter für **Menschen, Tiere, Pflanzen oder Gegenstände**.
Sie werden **großgeschrieben**.
Gegenstände können sehr klein oder sehr groß sein:
das **Sandkorn**, der **Schrank**, die **Schule**, die **Autobahn**, der **Mond**

**1 Markiere in diesem Text jeweils zwei Nomen, die Wörter für Menschen, Tiere, Pflanzen und Gegenstände sind.**

Jonas und seine Mutter wollen heute die Schellenberger Eishöhle besichtigen. Am Eingang treffen sie auf ihre Führerin Sonja. Sie erzählt, dass vermutlich Hütejungen die Höhle einst entdeckt haben. Damals wurden im Sommer Schafe und Ziegen in die Berge getrieben, wo sie frei herumlaufen und Gräser und Kräuter fressen konnten. Die Hütejungen kamen nur ab und zu, um nach den Tieren zu sehen. An einem heißen Sommertag aber waren alle Tiere verschwunden! Während sie die Schafe und Ziegen suchten, fanden die Jungen zuerst den Höhleneingang und dann auch die Tiere, die sich in die kühle Höhle zurückgezogen hatten.
Heutzutage kommen viele Besucher und Besucherinnen, um die einzigartige Eishöhle zu bestaunen.

**2 Schreibe die markierten Nomen von Aufgabe 1 geordnet auf.**

Menschen: ..............................................................................

..............................................................................

Tiere: ..............................................................................

..............................................................................

Pflanzen: ..............................................................................

..............................................................................

Gegenstände: ..............................................................................

..............................................................................

**3 Welche vier Wörter sind Nomen? Kreise ein.**

BAUM

KALT

SPINNE

BESUCHEN

JÄGERIN

BRAUN

TASCHENLAMPE

WANDERN

**4 Schreibe die Nomen von Aufgabe 3 in richtiger Schreibweise auf.**

..............................................................................

..............................................................................

Hier kannst du deinen Erfolgssticker einkleben.

# Die Artikel

Du erkennst ein Nomen oft daran, dass es einen Artikel als Begleiter hat.
Die **bestimmten Artikel** heißen **der**, **die**, **das**:
**der Junge, die Katze, das Kind**
Die **unbestimmten Artikel** heißen **ein**, **eine**:
**ein Junge, eine Katze, ein Kind**
Das Nomen, das auf einen Artikel folgt, wird **großgeschrieben**.

**1** **In jeder Wolke steht ein Nomen. Trage die Nomen zu dem passenden Artikel in die Tabelle ein.**

h u l St

u r d e Br

H z u ei n g

ei d l K

T sch a e

sch a M i n e

o r V a n g h

G i s e t ch

ß St e r a

Sch r o n st n ei

sp G e n st e

g l R e a

| der | die | das |
|---|---|---|
| .................... | .................... | .................... |
| .................... | .................... | .................... |
| .................... | .................... | .................... |
| .................... | .................... | .................... |

**TIPP** In einem **Satz** können die Artikel in **verschiedenen Formen** vorkommen:
bestimmte Artikel: **des**, **dem**, **den**
unbestimmte Artikel: **eines**, **einem**, **einen**

**2** **In diesem Text sind alle Nomen kleingeschrieben. Du kannst sie an den Artikeln erkennen. Markiere die zehn Artikel blau und die zehn Nomen rot.**

Ein storch schreitet durch die wiesen. Er sucht nach einem frosch oder einer kröte. Oben auf einem schornstein ist das nest der storchenfamilie. Wenn sich der storchenvater nähert, sperren die jungvögel erwartungsvoll die schnäbel auf.

**3** **Schreibe den Text ab. Schreibe alle Nomen groß.**

Hier kannst du deinen Erfolgssticker einkleben.

## Wortart Nomen

# Einzahl und Mehrzahl

Die meisten **Nomen** können in der **Einzahl** und in der **Mehrzahl** vorkommen:
**Einzahl:** **der Vogel, die Wolke, das Tier**
**Mehrzahl:** **die Vögel, die Wolken, die Tiere**

**1** **In diesem Text kommt das Nomen Kranich sehr oft vor. Kreise es in der Einzahl blau und in der Mehrzahl rot ein.**

Der Zug der Kraniche

Heute gab es während der Pause eine große Aufregung: Über dem Schulhof kreiste ein Kranich und landete auf der Turnhalle. Er stolzierte hin und her. Alle Kinder riefen durcheinander: „Was macht denn der Vogel hier?“ „Ist das ein Storch?“ „Das ist ein Kranich!“ „Woher weißt du, wie Kraniche aussehen?“ „Ich hole die Lehrerin.“ „Der hat bestimmt Hunger!“ „Ob der Kranich krank ist?“ Die Lehrerin erklärte: „Es ist Herbst. Die Kraniche fliegen in die wärmeren Länder im Süden. Vielleicht könnt ihr bald einen Schwarm Kraniche am Himmel entdecken!“ Da hörte man schon die Rufe „Kraahh, kraahh!“ Tatsächlich: Die Kraniche kamen – ein großer Schwarm!

**TIPP** Wenn du die Mehrzahl bildest, brauchst du meistens **Endungen**:
**das Kind – die Kinder, das Schaf – die Schafe**
Manchmal enthält die Mehrzahlform einen **Umlaut**:
**der Vater – die Väter, der Fluss – die Flüsse**

## 2 Schreibe die Nomen in der Mehrzahl auf.

| **Mehrzahlform mit -er:** | **Mehrzahlform mit -e:** |
|---|---|
| das Bild: die ........ | der Schritt: die ........ |
| das Feld: die ........ | der Berg: die ........ |
| **Mehrzahlform mit -en:** | **Mehrzahlform mit -n:** |
| der Mensch: die ........ | die Ente: die ........ |
| die Frau: die ........ | die Kartoffel: die ........ |
| **Mehrzahlform mit -s:** | **Mehrzahlform mit Umlaut:** |
| der Opa: die ........ | der Vogel: die ........ |
| das Auto: die ........ | der Apfel: die ........ |
| **Mehrzahlform mit Umlaut und Endung:** | **Mehrzahl klingt wie Einzahl:** |
| das Blatt: die ........ | das Messer: die ........ |
| der Wald: die ........ | der Finger: die ........ |

Hier kannst du deinen Erfolgssticker einkleben.

# Zusammengesetzte Nomen

Vor viele Nomen kannst du noch **ein zweites Wort** setzen, um das Nomen **genauer zu beschreiben**.
**die Zitronen + der Kuchen – der Zitronenkuchen**
Hinten steht das Nomen, um das es geht. Beim Zitronenkuchen geht es vor allem um einen Kuchen und nicht vor allem um eine Zitrone. Deshalb bleibt der **Artikel des hinteren Nomens** erhalten:
**der** Kuchen – **der** Zitronenkuchen

**1 Setze die Nomen passend in die Lücken ein.**

Hundekuchen ▪ Apfelsaft ▪ Nudelsuppe

Die ………………………………… ist eine Suppe mit Nudeln.

Der ………………………………… ist Saft aus Äpfeln.

Ist der ………………………………… ein Kuchen aus Hunden?

Nein, natürlich nicht, der Hundekuchen ist ein Kuchen für Hunde!

**2 Setze die Nomen richtig zusammen. Schreibe sie auf. Die Bilder helfen dir.**

das Regenbärchen ▪ der Gummischrank ▪ die Kleiderjacke

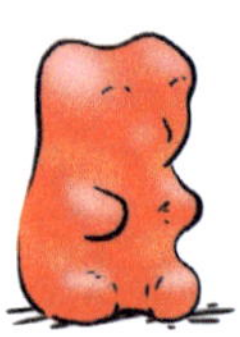

…………………………………………………………………………………………

…………………………………………………………………………………………

**TIPP**

Zusammengesetzte Nomen können auch **Adjektive** oder **Verben** enthalten.

**blau + die Beere – die Blaubeere**

**schreiben + der Tisch – der Schreibtisch**

**3 Folge den Fäden und schreibe die Nomen mit Artikeln auf.**

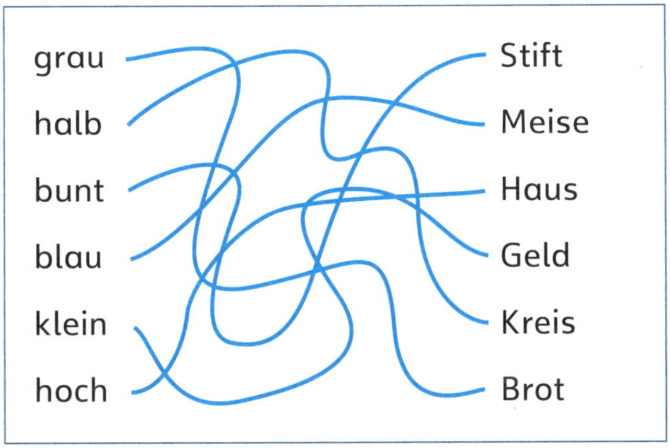


das Graubrot, ..........

..........

..........

**4 Schreibe die Nomen wie im Beispiel mit Artikeln auf.**

fahren + das Rad – das Fahrrad

trinken + die Flasche – ..........

baggern + die Schaufel – ..........

turnen + der Beutel – ..........

# Personalformen

Verben sagen, was jemand tut oder was geschieht:
**rufen, singen, regnen**
In Sätzen kommen Verben meist nicht in der **Grundform**, sondern in einer **gebeugten Form** (Personalform) vor. Dabei ändern sich die **Endungen**, je nachdem, wer etwas tut.
Grundform: **rufen**

Einzahl:
Ich **rufe** den Hund. Du **rufst** den Hund. Er/Sie/Es **ruft** den Hund.

Mehrzahl:
Wir **rufen** den Hund. Ihr **ruft** den Hund. Sie **rufen** den Hund.

**1 Ergänze die Verben in den kleinen Sätzen in der richtigen gebeugten Form. Die Formen stehen im Wörterkasten.**

schreibt ▪ schreiben ▪ schreibt ▪ schreibst
schreibt ▪ schreiben ▪ schreibt ▪ schreibe

Ich schreibe ………………. Du ……………….

Sven ………………. Luise ……………….

Das Kind ………………. Wir ……………….

Ihr schreibt ………………. Alle Kinder ……………….

**2 Ergänze die fehlenden Verbformen zur Grundform „warten“.**

| | | |
|---|---|---|
| ich | ……………… | wir ……………… |
| du | ……………… | ihr ……………… |
| er/sie/es | ……………… | sie ……………… |

**TIPP** Du kannst Verben daran erkennen, dass du sie in einer gebeugten Form benutzen kannst.

**3** **Überprüfe die Wörter, indem du versuchst, gebeugte Formen zu bilden. Kreuze alle Verben an.**

*malen* – ich *male*
Ja, das ist eine gebeugte Form, also ist *malen* ein Verb!

*immer* – ich *immer*
Nein, das ist keine gebeugte Form, also ist *immer* kein Verb!

| | | | |
|---|---|---|---|
| ☐ malen | ☐ immer | ☐ rot | ☐ streiten |
| ☐ oft | ☐ gemein | ☐ tauchen | ☐ fünf |
| ☐ absichtlich | ☐ träumen | ☐ dann | ☐ lesen |

**4** **In den gebeugten Formen ändern sich bei einigen Verben außer der Endung auch noch weitere Buchstaben. Ergänze die fehlenden Verbformen.**

| | **Grundform: wollen** | **Grundform: essen** |
|---|---|---|
| ich | will | |
| du | | |
| er/sie/es | | |
| wir | | |
| ihr | wollt | |
| sie | | |

Hier kannst du deinen Erfolgssticker einkleben.

## Wortart Verb

# Zeitform Präsens

Verben werden in Sätzen in verschiedenen Zeitformen benutzt.

Das **Präsens** verwendest du, wenn du über die **Gegenwart** schreibst:
Der Wind **weht**.
Ich **gehe** nach draußen.
Wir **spielen** Verstecken.

**1** **Lies dir den Text durch. Die Verben sind markiert und im Präsens geschrieben, aber sie wurden in den Sätzen vertauscht.**

Gewitter

Über den Häusern zuckt ein grauer Wolkenberg. In der Ferne wächst man einen Donner. Da hört ein Blitz über den Himmel.

**2** **Schreibe den Text richtig auf.**

Über den Häusern wächst ein grauer Wolkenberg.
In der Ferne

**3** **Wie heißen die Grundformen der markierten Verben von Aufgabe 1? Verbinde.**

| hört | wächst | zuckt |
|---|---|---|
| zucken | hören | wachsen |

**4** **Setze die Verbformen aus den Wolken an den richtigen Stellen in den Lückentext ein.**

Auch Peter und Mia .................................................. das Gewitter.

Sie .................................................. vom Schwimmbad und

.................................................. schnell ins Haus. Die beiden Kinder

.................................................. aus dem Fenster. Blitz und Donner

.................................................. immer schneller aufeinander.

Plötzlich .................................................. es!

**5** **Schreibe drei eigene Sätze im Präsens. Suche dir Verben aus dem Wörterkasten aus.**

rennen ■ lesen ■ schwimmen ■ trinken ■ zittern

Ich ..................................................

Er ..................................................

Wir ..................................................

Hier kannst du deinen Erfolgssticker einkleben.

Wortart Verb

# Zeitform Perfekt

Verben werden in Sätzen in verschiedenen Zeitformen benutzt.

Das Perfekt verwendest du meist, wenn du über die **Vergangenheit sprichst**. Es wird mit **sein** oder **haben** gebildet und besteht aus zwei Teilen.
Der Wind **hat geweht**.
Ich **bin** nach draußen **gegangen**.
Wir **haben** Verstecken **gespielt**.

**1** **Lies dir diesen Text durch. Er ist im Perfekt geschrieben. Unterstreiche alle Verbformen wie im Beispiel.**

Gestern hat es den ganzen Tag geregnet.
Nachmittags haben Oma und Opa uns besucht.
Wir haben unsere Regenjacken angezogen
und sind zusammen in den Wald gegangen.
Das hat trotz des Regens viel Spaß gemacht.

**2** **Schreibe die Verbformen von Aufgabe 1 in die Tabelle.**

| Grundform | Perfekt |
| --- | --- |
| regnen | es hat geregnet |
| besuchen | sie |
| anziehen | wir |
| gehen | wir |
| machen | es |

**3** **Vervollständige die Tabelle wie im Beispiel.**

| Grundform | Perfekt |
|---|---|
| treffen | wir haben getroffen |
| sehen | wir |
| sagen | Opa |
| finden | Oma |

**4** **Schreibe diese vier Sätze im Perfekt in die Sprechblase. Die Verbformen von Aufgabe 3 helfen dir.**

Im Wald treffen wir keine anderen Leute.

Wir sehen jede Menge Pilze.

Opa sagt uns ihre Namen.

Oma findet Steinpilze.

Im Wald haben wir keine anderen Leute getroffen. Wir haben

Hier kannst du deinen Erfolgssticker einkleben.

# Wortart Verb

## Zeitform Präteritum

Verben werden in Sätzen in verschiedenen Zeitformen benutzt.

Das **Präteritum** verwendest du, wenn du über die **Vergangenheit schreibst**:
Der Wind **wehte**.
Ich **ging** nach draußen.
Wir **spielten** Verstecken.

**1 Markiere im Text alle Verbformen. Sie stehen im Präteritum.**

Im Juli 2021 gab es in einigen Landesteilen heftigen Starkregen. Es regnete so viel, bis die Flüsse über die Ufer traten. Kleine Bäche wurden zu reißenden Fluten. Das Wasser zerstörte Häuser, Straßen und Brücken. Menschen retteten sich auf die Hausdächer.

**2 Schreibe die Verbformen von Aufgabe 1 in die Tabelle.**

| Grundform | Präteritum |
|---|---|
| geben | es gab ........ |
| regnen | es ........ |
| treten | sie ........ |
| werden | sie ........ |
| zerstören | es ........ |
| sich retten | sie ........ |

**TIPP** Die Verbformen im **Präteritum** sind manchmal gar nicht so einfach zu bilden. In der Grundform der Verben können sich einige **Buchstaben ändern**. Besondere Verbformen musst du dir merken:
h**e**lfen – ich h**a**lf, sch**ei**nen – sie sch**ie**n,
m**ög**en – wir m**och**ten

**3** **Verbinde wie im Beispiel die Grundformen der Verben mit den passenden Präteritumsformen.**

beginnen — es begann

denken

essen

fliegen

kommen

fallen

er aß

wir kamen

es begann

er fiel

ich dachte

sie flog

**4** **Schreibe zwei eigene Sätze im Präteritum. Suche dir Verben von Aufgabe 3 aus.**

........................................................................................................

........................................................................................................

........................................................................................................

Hier kannst du deinen Erfolgssticker einkleben.

## Wortart Adjektiv

# Adjektive erkennen

Adjektive informieren über **Eigenschaften** von Menschen, Tieren, Pflanzen oder Dingen.

**Menschen:** **lustig, hilfsbereit**
**Tiere:** **wild, pelzig**
**Pflanzen:** **grün, genügsam**
**Dinge:** **eckig, weich**

**1** **Mit diesen Adjektiven kann man Früchte beschreiben. Lies sie dir erst einmal durch.**

gelb hart knackig groß süß rot
grün glatt blau rund lang sauer
krumm weich lecker klein saftig

**2** **Verbinde die Sprechblasen mit der richtigen Frucht.**

Meine Frucht ist gelb.
Sie ist sauer.

Meine Frucht ist gelb.
Sie ist krumm.

Meine Frucht ist rot.
Sie ist hart.

Meine Frucht ist rot.
Sie ist weich.

**3** **Markiere in jedem Satz von Aufgabe 2 das Adjektiv. Du kannst die Wörtersammlung von Aufgabe 1 als Hilfe benutzen.**

**4** **Suche dir für jede Spalte drei Adjektive aus, die du in die Tabelle eintragen möchtest.**

sportlich ■ seltsam ■ fantasievoll ■ wütend ■ schlau ■ ernst
boshaft ■ gemein ■ müde ■ dumm ■ witzig ■ nett
lieb ■ schmutzig ■ lustig ■ streng ■ klug ■ aktiv ■ frech
musikalisch ■ ruhig ■ hilfsbereit ■ laut ■ komisch ■ schüchtern

| Diese Eigenschaften mag ich bei Menschen: | Diese Eigenschaften mag ich bei Menschen nicht: |
|---|---|
| ................................ | ................................ |
| ................................ | ................................ |
| ................................ | ................................ |

**5** **Auf den Karten stehen Nomen, Verben und Adjektive. Kreise die vier Adjektive ein. Schreibe sie in richtiger Schreibweise auf.**

MAUS
STUHL
DICK
SCHNEIEN
GRAS
DURSTIG
KOMISCH
KOCHEN
SCHLAFEN
ÄRZTIN
SCHREIBEN
KURZ

..............................................................................................

..............................................................................................

Hier kannst du deinen Erfolgssticker einkleben.

# Mit Adjektiven vergleichen

Adjektive haben eine **Grundform**:
**groß, schnell, stark**
Adjektive helfen dabei, etwas zu vergleichen. Dafür haben die meisten Adjektive auch
- eine **Steigerungsform**: **größer, schneller, stärker**
- eine **Höchstform**: **am größten, am schnellsten, am stärksten**

**1** **Vergleiche die genannten drei Menschen. Setze die richtigen Formen ein: alt – älter – am ältesten.**

Der Vater ist .......................................................

Die Oma ist .......................................................

Der Uropa ist .......................................................

**2** **Vergleiche jetzt diese drei Menschen. Setze die richtigen Formen ein: jung – jünger – am jüngsten.**

Der Jugendliche ist .......................................................

Das Grundschulkind ist .......................................................

Das Baby ist .......................................................

**TIPP** Wenn etwas **gleich** ist, benutzt man die **Grundform** und das **Vergleichswort wie**:
**so groß wie**

**3** **Betrachte die Käfer. Setze die richtigen Formen ein.**

so klein wie ▪ kleiner als ▪ kleiner als ▪ klein ▪ am kleinsten

Der Rosenkäfer ist klein .

Der Leuchtkäfer ist .......................................... der Rosenkäfer.

Der Kartoffelkäfer ist auch .......................................... der Rosenkäfer.

Der Kartoffelkäfer ist .......................................... der Leuchtkäfer.

Der Marienkäfer ist .......................................... .

**4** **Schreibe einen eigenen Vergleichssatz über zwei Käfer.**

..........................................

..........................................

..........................................

Hier kannst du deinen Erfolgssticker einkleben.

# Adjektive in Sätzen verwenden

Adjektive können **vor Nomen stehen** und sie genauer beschreiben:
**Die Sonne ist hell. Die helle Sonne scheint.**
**Das Baby ist hungrig. Das hungrige Baby schreit.**
**Der Läufer ist schnell. Der schnelle Läufer gewinnt.**

Dabei **verändert** sich fast immer die **Endung** des Adjektivs.

**1** **Markiere in jedem Satz das Adjektiv „blau“. Es hat hier unterschiedliche Endungen.**

Am blauen Meer

Das blaue Wasser glitzert in der Sonne.

Was ist das heute für ein blauer Himmel!

Am Strandaufgang gibt es ein blaues Umkleidehäuschen.

**2** **Schreibe die vier markierten Adjektive von Aufgabe 1 auf.**

.............................................................................................................

**3** **Setze das Adjektiv „groß“ mit den richtigen Endungen in die Lücken ein.**

großer ▪ großes ▪ große ▪ großen

Dort steht eine ............................................ Sandburg.

Sie wurde von ............................................ Kindern gebaut.

Außen wurde ein ............................................ Graben angelegt.

Das war für alle ein ............................................ Vergnügen!

**4** **Schreibe die Wortgruppen wie im Beispiel auf.**

Der Löwe ist stark. der starke Löwe

Der Gepard ist schnell. ........................................

Das Krokodil ist träge. ........................................

Das Zebra ist schreckhaft. ........................................

Die Giraffe ist groß. ........................................

Der Elefant ist riesig. ........................................

**5** **Markiere in jedem Satz die Wortgruppen aus Artikel, Adjektiv und Nomen wie im Beispiel.**

Auf dem Sandhügel sitzt das wachsame Erdmännchen.

Im Schatten döst der einsame Büffel.

Den Horizont beobachtet eine gestreifte Hyäne.

Am Himmel kreisen die hungrigen Geier.

Die Wasserstelle riechen die durstigen Gnus schon von Weitem.

**6** **Schreibe die markierten Wortgruppen von Aufgabe 5 auf.**

das wachsame Erdmännchen

........................................

........................................

........................................

........................................

........................................

Hier kannst du deinen Erfolgssticker einkleben.

# Satzglieder ordnen

Ein Satz besteht aus mehreren **Satzgliedern**.
Satzglieder können aus einem oder mehreren Wörtern bestehen.
Wörter eines Satzgliedes **gehören im Satz zusammen**:

**Die Klasse 3a | fährt | auf Klassenfahrt.**

**1 Aus den Wörtern auf den Wortkarten kann man Sätze bilden. Lies dir die Wörter erst einmal durch.**

Pauls | in | Jugendherberge | eine | fährt | Klasse

**2 Hier wurden die Wortkarten sechsmal in eine Reihenfolge gebracht. Welche Reihenfolge ergibt einen richtigen Satz? Kreuze die richtigen Sätze an.**

- ☐ in | eine | fährt | Klasse | Jugendherberge | Pauls
- ☐ in | eine | Klasse | fährt | Jugendherberge | Pauls
- ☐ in | eine | Jugendherberge | fährt | Pauls | Klasse
- ☐ Pauls | Jugendherberge | eine | in | fährt | Klasse
- ☐ Pauls | Klasse | fährt | Jugendherberge | eine | in
- ☐ Pauls | Klasse | fährt | in | eine | Jugendherberge

**3** **Bilde aus diesen Wortkarten einen richtigen Satz und schreibe ihn auf. Denke daran, den Satzanfang groß zu schreiben und ein Satzzeichen zu setzen.**

tragen | zum Bus | die Kinder | ihre Koffer

........................................................................

........................................................................

**4** **Suche dir aus jeder Spalte ein Satzglied aus und schreibe damit einen Satz auf. Er darf wie im Beispiel unsinnig sein. Denke daran, den Satzanfang großzuschreiben.**

| Liona | küsst | zum Abschied | ihre Mutter |
|---|---|---|---|
| der Schulhund | beschnuppert | aufgeregt | den Bus |
| Sarah | sucht | verzweifelt | ihr Kuscheltier |
| die Lehrerin | beruhigt | geduldig | die Kinder |

*Sarah beschnuppert geduldig ihre Mutter.*

........................................................................

........................................................................

........................................................................

Hier kannst du deinen Erfolgssticker einkleben.

# Satzglieder umstellen

Mit Hilfe der **Umstellprobe** kannst du herausfinden, **welche Wörter eines Satzes zusammengehören**.
Wörter, die du nur gemeinsam umstellen kannst, gehören zu einem **Satzglied**.
**Die Fahrt dauert eine ganze Stunde.**
**Eine ganze Stunde dauert die Fahrt.**

**1** **Bilde aus diesen Wörtern einen Satz und schreibe ihn auf. Denke an die Großschreibung am Satzanfang und an das Satzzeichen.**

wohnt ▪ in einer alten Burg ▪ während der Klassenfahrt ▪ die Klasse

..................................................................................................

..................................................................................................

**2** **Mache die Umstellprobe und setze ein anderes Satzglied an den Satzanfang. Schreibe den Satz auf.**

..................................................................................................

..................................................................................................

**3** **Markiere im Satz von Aufgabe 2 die Satzglieder mit verschiedenen Farben.**

Fit in der Grundschule
**10-Minuten-Trainer**

# Mein Stickerbogen

Für jede gelöste Doppelseite in diesem Arbeitsheft darfst du dich mit einem **Erfolgssticker** belohnen.
Suche dir einfach einen Sticker aus und klebe ihn in das dafür vorgesehene Feld am Ende jeder Doppelseite.

Illustrationen: Hans-Jürgen Feldhaus

960.265

**TIPP** Mit der Umstellprobe kannst du einen Aussagesatz auch in einen **Fragesatz** verwandeln.

**Vier Kinder schlafen in einem Zimmer.**

**Schlafen vier Kinder in einem Zimmer?**

**4** **Stelle diese Sätze um. Es sollen jeweils Fragesätze werden. Achte auf die Groß- und Kleinschreibung: Nur den neuen Satzanfang und die Nomen darfst du großschreiben!**

a) Am Nachmittag erkunden die Kinder die Burg.

Erkunden

b) Zum Abendessen gibt es eine Suppe.

Gibt

c) Anschließend verteilt die Lehrerin ein paar Süßigkeiten.

Hier kannst du deinen Erfolgssticker einkleben.

# Das Subjekt finden

Das Subjekt gehört zu den **wichtigsten Satzgliedern**.
Das Subjekt ist das Satzglied, das sagt, **wer** oder **was** etwas tut.
Es kann aus einem oder aus mehreren Wörtern bestehen.

**Die Herbergseltern leiten die Jugendherberge.**
**Frage**: **Wer** leitet die Jugendherberge?
**Subjekt**: **die Herbergseltern**

**Bei einem Problem können sich die Gäste an sie wenden.**
**Frage**: **Wer** kann sich bei einem Problem an sie wenden?
**Subjekt**: **die Gäste**

**1 Beantworte die Frage nach dem Subjekt wie im Beispiel.**

In der Jugendherberge arbeiten viele Menschen.
Frage: Wer arbeitet in der Jugendherberge?

Subjekt: viele Menschen

Die Reinigungskräfte kümmern sich um die Sauberkeit.
Frage: Wer kümmert sich um die Sauberkeit?

Subjekt: ............................................

Für die Pflege der Grünanlagen sorgt ein Gärtner.
Frage: Wer sorgt für die Pflege der Grünanlagen?

Subjekt: ............................................

Mehrere Köche kochen für die Gäste.
Frage: Wer kocht für die Gäste?

Subjekt: ............................................

**2** **Hier sind die Sätze, die Fragen und die Subjekte durcheinandergeraten. Markiere in derselben Farbe, was zusammengehört.**

- ☐ Der Herbergsvater zeigt den Kindern den Tischtennisraum.
- ☐ Wer kommt aus der Puste?
- ☐ Beim Rundlauf kommen die Kinder aus der Puste.
- ☐ Adrian und Mina
- ☐ Wer zeigt den Kindern den Tischtennisraum?
- ☐ Zum Schluss besiegt Ana die Lehrerin.
- ☐ der Herbergsvater
- ☐ Adrian und Mina schnappen sich sofort zwei Tischtennisschläger.
- ☐ die Kinder
- ☐ Wer besiegt die Lehrerin?
- ☐ Ana
- ☐ Wer schnappt sich sofort zwei Tischtennisschläger?

**3** **Schreibe einen Satz von Aufgabe 2, die dazu passende Frage und das passende Subjekt auf.**

................................................................................

................................................................................

Frage: ........................................................................

................................................................................

Subjekt: ......................................................................

Hier kannst du deinen Erfolgssticker einkleben.

# Pronomen und mehrere Wörter als Subjekte

Das Subjekt ist das Satzglied, das sagt, **wer** oder **was** etwas tut.
**Wildbienen stehen unter Naturschutz.**
**Frage**: **Wer** steht unter Naturschutz?
**Subjekt**: **Wildbienen**

Das Subjekt kann auch aus **mehreren Wörtern** oder **nur aus einem Pronomen** bestehen.
**Alle Wildbienenarten in Deutschland stehen unter Naturschutz.**
**Sie brauchen geschützte Lebensbedingungen.**

**1** **Frage nach den Subjekten und unterstreiche sie wie im Beispiel.**

Heute bauen alle Kinder Wildbienenhotels.

Frage: Wer baut heute Wildbienenhotels? ..........

Subjekt: alle Kinder ..........

Dazu werden viele Löcher in ein Holzstück gebohrt.

Frage: Was wird dazu ..........

Subjekt: ..........

Die heimischen Wildbienen sind unterschiedlich groß.

Frage: Wer ..........

Subjekt: ..........

Deshalb bohren die Kinder unterschiedlich große Löcher.

Frage: ..........

Subjekt: ..........

**2** **Setze in jeden Satz das passende Subjekt ein. Achte dabei auf die Großschreibung am Satzanfang.**

sie ■ der nette Experte vom Naturschutzbund
er ■ keine der über 500 Wildbienenarten

Den ganzen Tag beantwortet ..............................................

.............................................. viele Fragen.

.............................................. kann alle heimischen Wildbienenarten unterscheiden.

Tatsächlich sticht ..............................................

.............................................. den Menschen!

.............................................. sind ganz harmlos.

**3** **Frage mündlich nach den Subjekten und unterstreiche sie.**

Die Kinder arbeiten in Gruppen zusammen.

Sie geben sich große Mühe.

Fünf Kinder gehören jeweils zu einer Gruppe.

Zum Schluss sind vier Wildbienenhotels fertig.

Sie sind gut gelungen!

Hier kannst du deinen Erfolgssticker einkleben.

Der Satz: Satzglieder

# Das Prädikat finden

Prädikate gehören zu den **wichtigsten Satzgliedern**.
Ein Prädikat ist das Satzglied, das sagt, **was getan wird**.
Das Prädikat besteht immer aus einem **Verb**.

**Die Kinder laufen zum Aufenthaltsraum.**
**Frage**: **Was** tun die Kinder?
**Prädikat**: laufen

**Die Lehrerin erklärt ein Spiel.**
**Frage**: **Was** tut die Lehrerin?
**Prädikat**: erklärt

**1 In diesen Sätzen fehlen die Prädikate. Setze sie richtig ein, beantworte die Fragen und schreibe die Prädikate dann wie im Beispiel auf.**

hören ▪ spielen ▪ basteln

Einige Kinder spielen ........ Gesellschaftsspiele.
Frage: Was tun einige Kinder?

Prädikat: spielen ....................................

Andere ............................................ Fensterbilder.
Frage: Was tun andere?

Prädikat: ............................................

Johann, Joe und Theo ............................................ ein Hörspiel.
Frage: Was tun Johann, Joe und Theo?

Prädikat: ............................................

**2** **Verbinde die vier Bilder mit den passenden Fragen und schreibe die Prädikate dazu.**

① 

② 

③ 

④ 

Was tun Johanna und Emir? malen ..............

Was tut Herr Schütte? ..............

Was tut Mina? ..............

Was tun Nola, Esma und Katinka? ..............

**3** **Schreibe zu einem Bild von Aufgabe 2 einen Satz auf, außerdem die dazu passende Frage und das passende Prädikat.**

..............

Frage: ..............

Prädikat: ..............

Hier kannst du deinen Erfolgssticker einkleben.

## Der Satz: Satzglieder

# Zweiteilige Prädikate

Ein Prädikat ist das Satzglied, das sagt, **was getan wird**.
Das Prädikat besteht immer aus einem Verb.
**Für Donnerstag organisiert Frau Herken einen Erlebnistag im Wald.**

Wenn das **Verb in der Zeitform Perfekt** steht, besteht das Prädikat **aus zwei Teilen**.
**Für Donnerstag hat Frau Herken einen Erlebnistag im Wald organisiert.**
**Frage**: **Was** hat Frau Herken getan?
**Prädikat**: hat organisiert

**1** **Frage nach den Prädikaten und unterstreiche sie wie im Beispiel. Hier steht das Prädikat jeweils im Perfekt und besteht aus zwei Teilen.**

Die Kinder haben aus Stöcken einen Unterschlupf gebaut.

Frage: Was haben die Kinder getan? ……………………

Prädikat: haben gebaut ……………………

Quer über die Stöcke haben sie Zweige geschichtet.

Frage: ……………………………………………………

Prädikat: ……………………………………

Den Boden des Unterschlupfes hat Finn mit Blättern gepolstert.

Frage: ……………………………………………………

Prädikat: ……………………………………

Frau Herken hat sofort das weiche Waldbett ausprobiert.

Frage: ……………………………………………………

Prädikat: ……………………………………

**2 In den Sätzen fehlen die Prädikate. Schreibe die Sätze mit den passenden Prädikaten auf und unterstreiche die Prädikate.**

hat ... verbunden ▪ haben ... gebildet
hat ... geführt ▪ hat ... erklärt

Frau Herken … das Baumspiel …

Die Kinder … Paare …

Das erste Kind … sich die Augen …

Das zweite Kind … das erste durch den Wald …

Frau Herken hat das Baumspiel erklärt.

Die ……

……

……

……

**3 Frage mündlich nach den Prädikaten und unterstreiche sie. Die Prädikate bestehen hier auch immer aus zwei Teilen.**

An irgendeinem Baum haben sie angehalten.

Das erste Kind hat die Rinde des Baums genau befühlt.

Dann hat das zweite Kind das erste Kind

einige Meter weggeführt.

Das erste Kind hat anschließend

mit offenen Augen seinen Baum gesucht.

Anschließend haben sie die Rollen getauscht.

Hier kannst du deinen Erfolgssticker einkleben.

## Aussagesätze

Mit **Aussagesätzen** teilst du anderen etwas mit oder erzählst etwas.
**Die Klassensprecherinnen und Klassensprecher treffen sich in der Kinderkonferenz.**
**Ich bin Klassensprecherin der Klasse 3b.**

Am Ende eines Aussagesatzes steht als **Satzschlusszeichen** ein **Punkt**.

**1** **In jedem Abschnitt stehen zwei Aussagesätze, in denen die Satzschlusszeichen fehlen. Lies die Sätze durch und trage die richtigen Satzschlusszeichen ein.**

Einmal im Monat findet in der Schule die Kinderkonferenz statt In der Kinderkonferenz besprechen die Kinder alle Themen, die sie wichtig finden

Heute wird über den Schulhof gesprochen Die Klassensprecher und Klassensprecherinnen haben in ihren Klassen die Wünsche der Kinder gesammelt

Viele Kinder wünschen sich einen zweiten Basketballplatz Dann könnten mehr Kinder während der Pause Basketball spielen

Schon vor einiger Zeit wurde die Erweiterung der Grünflächen beschlossen Für die neuen Beete muss immer noch ein Teil des Pflasters entfernt werden

Außerdem wird der Vorschlag gemacht, eine Anlage zur Nutzung von Sonnenenergie anzuschaffen Vielleicht könnte sich die Technik-AG darum kümmern

**2** **Lies den kleinen Text zuerst Zeile für Zeile.**

AUF DEM SCHULHOF

HABEN ALLE VIEL SPASS IN DER REGENTONNE

IST WASSER ÜBERGELAUFEN AUF DER WIPPE

WIPPEN IMMER MEHR ALS ZWEI KINDER IM GARTENHAUS

SIEHT ES IM MOMENT WENIG EINLADEND AUS

Hier stimmt etwas nicht!
Haben alle viel Spaß in
der Regentonne?

Ist Wasser übergelaufen auf
der Wippe?
Das klingt aber merkwürdig!

**3** **Im Text von Aufgabe 2 fehlen alle Punkte am Ende der Aussagesätze. Schreibe die Sätze in der richtigen Groß- und Kleinschreibung ab und setze die Punkte. Dann klingt der Text gar nicht mehr merkwürdig.**

Auf dem Schulhof haben alle viel Spaß. In

Hier kannst du deinen Erfolgssticker einkleben.

# Ausrufesätze und Aufforderungssätze

**Ausrufesätze** sind Sätze, in denen jemand etwas laut sagt oder ausruft.
**Halt, warte auf mich!**
**Hurra, es geht los!**

Am Ende von Ausrufesätzen wird ein **Ausrufezeichen** benutzt.

Wenn du jemanden **nachdrücklich zu etwas aufforderst**, benutzt du einen **Aufforderungssatz**.
**Jetzt fangt endlich an!**
**Gib mir sofort den Ball!**

Am Ende von Aufforderungssätzen steht ebenfalls ein **Ausrufezeichen**.

**1** **Die Basketball-AG trainiert. Kreise die vier Ausrufesätze blau ein und die vier Aufforderungssätze rot.**

Lauft zum Aufwärmen erst mal zwei Runden um den Schulhof!

Achtung!

Gut gemacht!

Dribbelt den Ball immer abwechselnd!

Such dir eine Partnerin oder einen Partner zum Trainieren!

Hurra – getroffen!

Lauf zum Korb!

Puh, ich kann nicht mehr!

**TIPP**

In einem Aufforderungssatz stehen die **Verben** in der **Befehlsform**:
Grundform: **spielen**
Befehlsform Einzahl: **spiel**
Befehlsform Mehrzahl: **spielt**

**2** **Schreibe die Befehlsformen an der passenden Stelle in die Tabelle.**

esst ■ trink ■ holt ■ nimm ■ iss
ruf ■ ruft ■ hol ■ nehmt ■ trinkt

| Grundform | Befehlsform Einzahl | Befehlsform Mehrzahl |
|---|---|---|
| trinken | trink | trinkt |
| rufen | | |
| essen | | |
| nehmen | | |
| holen | | |

**3** **Ausrufezeichen oder Punkt? Nicht jede Befehlsform ist eine nachdrückliche Aufforderung. Manchmal wird die Befehlsform benutzt, aber der Satz wird normal gesprochen. Schreibe die beiden Sätze mit Ausrufezeichen auf.**

Hört sofort auf damit ■ Kommt gerne schon mal zu mir rüber
Fang ruhig schon mit dem Aufräumen an ■ Leg das jetzt endlich weg

.......................................................................................

.......................................................................................

Hier kannst du deinen Erfolgssticker einkleben.

## Fragesätze

Mit **Fragesätzen** kannst du nach etwas fragen, was du noch nicht weißt.

Manche Fragen beginnen mit **Fragewörtern**:
**Wer kennt sich eigentlich mit Solaranlagen aus?**

Am Ende eines Fragesatzes steht als Satzschlusszeichen **ein Fragezeichen**.

**1 Zum Thema Solaranlagen haben die Kinder viele Fragen. Schreibe drei Fragen auf und setze am Satzende Fragezeichen.**

**Wie** funktionieren Solaranlagen

**Wo** könnten wir die Solaranlage aufstellen

**Was** kostet wohl eine Solaranlage

**Wer** spricht Herrn Borchert von der Technik-AG an

**Wie viel** Strom erzeugt eine kleine Anlage

**Worauf** müssen wir beim Bau achten

.................................................................

.................................................................

.................................................................

.................................................................

.................................................................

.................................................................

.................................................................

**TIPP** Es gibt auch viele **Fragesätze ohne Fragewörter**.
Dann steht das **Verb meist am Satzanfang**.

**2** **Ein Fragesatz und ein Aussagesatz gehören jeweils zusammen. Verbinde sie. Benutze verschiedene Farben.**

Rufen Sie Herrn Borchert von der Technik-AG an?

Ich weiß, wo in der Nähe eine Solaranlage auf dem Dach ist.

Ich rufe Herrn Borchert von der Technik-AG an.

Arbeitet dein Vater nicht in einer Solar-Firma?

Weißt du, wo in der Nähe eine Solaranlage auf dem Dach ist?

Mein Vater arbeitet in einer Solar-Firma.

**3** **Markiere in den Fragesätzen von Aufgabe 2 das Verb am Satzanfang.**

**4** **Schreibe diesen Satz als Fragesatz auf. Setze das Verb an den Satzanfang.**

Immer mehr Menschen nutzen die Solarenergie.

........................................................................................................

........................................................................................................

........................................................................................................

Hier kannst du deinen Erfolgssticker einkleben.

# Satzschlusszeichen unterscheiden

Am Ende eines Satzes steht ein **Satzschlusszeichen**.

Das kann ein **Punkt**, ein **Ausrufezeichen** oder ein **Fragezeichen** sein.
**Die Garten-AG plant die Gestaltung des Schulhofes.**
**Macht alle mit!**
**Wie soll der Schulgarten zukünftig aussehen?**

**1 Lies den Text und setze die passenden Satzschlusszeichen ein: . ! ? Manchmal gibt es zwei Möglichkeiten.**

Sabrina und Marc leiten die Garten-AG..........

Sabrina erklärt: Dieser ganze Bereich wird der Schulgarten..........

Pit will wissen: Aber was passiert dort, wo alles gepflastert ist..........

Elisa ruft: Das ganze Pflaster kommt weg..........

Marc lacht: Das ist richtig.......... Und das Unkraut müssen wir auch noch entfernen.......... Aber wir müssen erst überprüfen, ob zwischen dem Unkraut eine Ambrosia-Pflanze wächst..........

Theo will wissen: Was wäre so schlimm an einer Ambrosia..........

Marc erklärt: Die Ambrosia ist eine Pflanze, gegen deren Pollen viele Menschen allergisch sind.......... Wenn man sie entfernen will, sollte man Handschuhe und einen Mundschutz tragen..........

Mina ruft: Igitt..........

**2** **Schreibe drei eigene Sätze auf: einen Aussagesatz, einen Ausrufesatz oder Aufforderungssatz und einen Fragesatz.**

..........

..........

..........

..........

**TIPP**

Manche Sätze kann man normal sprechen, rufen oder fragend sprechen. In einem Text kann man **am Satzschlusszeichen erkennen, wie der Satz gemeint ist**.

**3** **Derselbe Satz – aber anders ausgesprochen! Sprich die Sprechblasen einmal ganz normal, einmal rufend und einmal fragend aus. Schreibe dazu, ob es sich um einen Fragesatz, einen Aussagesatz oder einen Ausruf handelt.**

Das ist eine Ambrosia-Pflanze. ..........

Das ist eine Ambrosia-Pflanze! ..........

Das ist eine Ambrosia-Pflanze? ..........

Hier kannst du deinen Erfolgssticker einkleben.

## Kommas bei Aufzählungen

Bei Aufzählungen musst du Kommas benutzen.
Du kannst Nomen, Verben und Adjektive aufzählen.
**Ich mag Rosen, Dahlien, Butterblumen und Gänseblümchen.**
**Im Garten muss man graben, pflanzen und gießen.**
**Tulpen können gelb, rot, pink, lila oder weiß sein.**

Vor und oder oder wird kein Komma gesetzt.

**1 Markiere die Aufzählungen. Noch fehlen die Kommas!**

In einem Bereich des Gartens sollen Nutzpflanzen gepflanzt werden. Bei einigen Nutzpflanzen werden die Früchte gegessen, wie zum Beispiel Kirschen Äpfel Tomaten oder Erdbeeren. (2)

Bei anderen Nutzpflanzen isst man andere Teile der Pflanze, wie zum Beispiel bei Möhren Kartoffeln oder Salat. (1)

Marc und Sabrina haben viele Bücher mitgebracht, in denen Bäume Sträucher Stauden und andere Pflanzen genau beschrieben sind. (2)

Nächste Woche wollen sich Sabrina die Kinder und einige Eltern in einem Pflanzenmarkt informieren. (1)

**2 Setze die fehlenden Kommas in den Texten von Aufgabe 1 ein. In der Klammer steht jeweils, wie viele Kommas fehlen.**

**3** **Schreibe einen Satz über die Lieblingsblumen von Emma. Denke an die Kommas bei der Aufzählung.**

..............................................................................................................................

..............................................................................................................................

**TIPP** Aufzählungen können auch **aus mehreren Wörtern bestehen**.
**Die Kinder freuen sich auf das Aussuchen der Pflanzen, auf das Einpflanzen und natürlich später auf die Ernte.**

**4** **Markiere die Aufzählungen. Noch fehlen die Kommas!**

Die Bäume passen gut neben den Zaun neben das Gartenhaus und neben das Tor. Für den hinteren Teil des Gartens nehmen wir niedrige Heidelbeersträucher buschige Johannisbeersträucher mehrere Stachelbeerbüsche und Himbeerpflanzen. In die Kräuterspirale pflanzen wir Kräuter wie Rosmarin glatte und krause Petersilie verschiedene Basilikumsorten und Schnittlauch.

**5** **Setze die fehlenden Kommas ein. Es sind insgesamt 5.**

Hier kannst du deinen Erfolgssticker einkleben.

# Wörtliche Rede

In der **wörtlichen Rede** wird aufgeschrieben, was jemand gesprochen oder gedacht hat.
Frau Herken erzählt: **„Bald feiern wir ein Schulhoffest.“**
Roman denkt: **„Prima! Darauf freue ich mich schon.“**

Der Redesatz wird mit **Redezeichen** gekennzeichnet.
Das Satzschlusszeichen gehört dabei zum Redesatz.

Wenn **mehrere Redesätze** aufeinanderfolgen, wird nur **einmal am Anfang** und **einmal am Ende ein Redezeichen** gesetzt.

Die Kinder rufen alle durcheinander: **„Das wird bestimmt super! Dürfen wir mitplanen?“**

**1 Markiere die wörtliche Rede, also das, was gesagt wird.**

Frau Herken sagt: Jede Klasse soll sich für das Fest ein Spiel für die Gäste ausdenken. Außerdem übernimmt jede Klasse eine weitere Aufgabe.

Tim fragt: Was für eine Aufgabe müssen wir denn übernehmen?

Frau Herken erklärt: Unsere Klasse ist doch besonders im Schulgarten aktiv. Darum sind wir dafür zuständig, Eltern für die Garten-AG zu gewinnen.

Emma lacht: Sowas kann ich super!

**2 Setze nun die fehlenden Redezeichen im Text von Aufgabe 1 ein.**

**3** **Schreibe die Sätze aus den Sprechblasen als Redesätze auf. Denke dabei an die Satzschlusszeichen und die Redezeichen.**

Wir könnten uns als Spiel ein Quiz über die Namen der Pflanzen ausdenken.

Lion schlägt vor: „Wir ..........

..........

..........

Ja, super! Dazu könnten wir an manche Pflanzen im Schulgarten große Nummern auf Schildern aufstellen.

Mathilda ergänzt: ..........

..........

..........

Wer alles richtig hat, bekommt einen kleinen Preis.

Tom meint: ..........

..........

..........

Hier kannst du deinen Erfolgssticker einkleben.

## Der Satz: Satzarten und Satzzeichen

# Redezeichen bei vorangestelltem Begleitsatz

Zur wörtlichen Rede gehört auch ein **Begleitsatz**.
**Oft** steht der Begleitsatz **vor** dem Redesatz.

Am Ende des vorangestellten Begleitsatzes steht ein **Doppelpunkt**.
**Ein Kind fragt:** „Wie heißt diese Pflanze?“

**1** **Unterstreiche zuerst die Begleitsätze rot und die Redesätze blau.**

Frau Herken fragt Wie klappt das Pflanzen-Quiz?

Sibel sagt Sieben Kinder haben schon alle Fragen richtig beantwortet.

Benno meint Ganz viele Eltern wollen auch mitspielen.

Anna ruft Aber für die vielen Erwachsenen haben wir nicht genug Preise!

Frau Herken lacht Das ist doch toll, wenn das Spiel auch den Eltern gefällt.

**2** **Setze in den Sätzen von Aufgabe 1 die fehlenden Doppelpunkte und Redezeichen ein.**

**3** **Lies die Begleitsätze in der gelben Spalte und die Redesätze in der blauen Spalte. Verbinde, was zusammengehört.**

| | |
|---|---|
| Eine Mutter möchte wissen | Ich bitte alle, zur Preisverleihung zu kommen. |
| Die Schulleiterin ruft | Hurra! Ich habe den ersten Preis gewonnen. |
| Elyas jubelt | Was muss ich in der Garten-AG denn machen? |

**4** **Schreibe die Sätze von Aufgabe 3 mit Doppelpunkten und Redezeichen ab.**

Eine Mutter möchte wissen: „Was muss

Hier kannst du deinen Erfolgssticker einkleben.

## Wortart Nomen

### Nomen ordnen

**Seite 7**

2.
Menschen: Kinder, Forscherinnen, Forscher
Tiere: Fische, Fledermäuse
Pflanzen: Moose, Algen
Gegenstände: Höhle, Treppen, Tropfsteine, Foto, Eis, Wasser

3.
Menschen: Busfahrer, Oma
Tiere: Nashorn, Katze
Pflanzen: Osterglocke, Tanne
Gegenstände: Auto, Sand

Möglich sind auch selbst gefundene Wörter.

### Nomen erkennen

**Seite 9**

2.
Menschen: Mutter, Führerin, Hütejungen, Jungen, Besucher, Besucherinnen
Tiere: Schafe, Ziegen
Pflanzen: Gräser, Kräuter
Gegenstände: Eishöhle, Eingang, Höhle, Berge, Höhleneingang

3./4.
Baum, Spinne, Jägerin, Taschenlampe

### Die Artikel

**Seite 10**

1.

| der | die | das |
|---|---|---|
| Stuhl | Maschine | Kleid |
| Bruder | Tasche | Gesicht |
| Vorhang | Straße | Gespenst |
| Schornstein | Heizung | Regal |

**Seite 11**

2.
Ein storch schreitet durch die wiesen. Er sucht nach einem frosch oder einer kröte. Oben auf einem schornstein ist das nest der storchenfamilie. Wenn sich der storchenvater nähert, sperren die jungvögel erwartungsvoll die schnäbel auf.

3.
Ein Storch schreitet durch die Wiesen. Er sucht nach einem Frosch oder einer Kröte. Oben auf einem Schornstein ist das Nest der Storchenfamilie. Wenn sich der Storchenvater nähert, sperren die Jungvögel erwartungsvoll die Schnäbel auf.

### Einzahl und Mehrzahl

**Seite 12**

1.
Der Zug der Kraniche
Heute gab es während der Pause eine große Aufregung: Über dem Schulhof kreiste ein Kranich und landete auf der Turnhalle. Er stolzierte hin und her. Alle Kinder riefen durcheinander: „Was macht denn der Vogel hier?" „Ist das ein Storch?" „Das ist ein Kranich!" „Woher weißt du, wie Kraniche aussehen?" „Ich hole die Lehrerin." „Der hat bestimmt Hunger!" „Ob der Kranich krank ist?"
Die Lehrerin erklärte: „Es ist Herbst. Die Kraniche fliegen in die wärmeren Länder im Süden. Vielleicht könnt ihr bald einen Schwarm Kraniche am Himmel entdecken!" Da hörte man schon die Rufe „Kraahh, kraahh!" Tatsächlich: Die Kraniche kamen – ein großer Schwarm!

**Seite 13**

2.

| | |
|---|---|
| **Mehrzahlform mit -er:**<br>das Bild: die Bilder<br>das Feld: die Felder | **Mehrzahlform mit -e:**<br>der Schritt: die Schritte<br>der Berg: die Berge |
| **Mehrzahlform mit -en:**<br>der Mensch: die Menschen<br>die Frau: die Frauen | **Mehrzahlform mit -n:**<br>die Ente: die Enten<br>die Kartoffel: die Kartoffeln |
| **Mehrzahlform mit -s:**<br>der Opa: die Opas<br>das Auto: die Autos | **Mehrzahlform mit Umlaut:**<br>der Vogel: die Vögel<br>der Apfel: die Äpfel |
| **Mehrzahlform mit Umlaut und Endung:**<br>das Blatt: die Blätter<br>der Wald: die Wälder | **Mehrzahl klingt wie Einzahl:**<br>das Messer: die Messer<br>der Finger: die Finger |

### Zusammengesetzte Nomen

**Seite 14**

1.
Die Nudelsuppe ist eine Suppe mit Nudeln.
Der Apfelsaft ist Saft aus Äpfeln.
Ist der Hundekuchen ein Kuchen aus Hunden?

2.
das Gummibärchen
der Kleiderschrank
die Regenjacke

**Seite 15**

3.
das Graubrot, der Halbkreis, der Buntstift,
die Blaumeise, das Kleingeld, das Hochhaus

4.
das Fahrrad
die Trinkflasche
die Baggerschaufel
der Turnbeutel

## Wortart Verb

### Personalformen

**Seite 16**

1.
Ich schreibe. Du schreibst.
Sven schreibt. Luise schreibt.
Das Kind schreibt. Wir schreiben.
Ihr schreibt. Alle Kinder schreiben.

2.
Grundform: warten

ich warte
du wartest
er/sie/es wartet
wir warten
ihr wartet
sie warten

**Seite 17**

3.
☒ malen ☐ immer ☐ rot ☒ streiten
☐ oft ☐ gemein ☒ tauchen ☐ fünf
☐ absichtlich ☒ träumen ☐ dann ☒ lesen

4.

| | Grundform: wollen | Grundform: essen |
|---|---|---|
| ich | will | esse |
| du | willst | isst |
| er/sie/es | will | isst |
| wir | wollen | essen |
| ihr | wollt | esst |
| sie | wollen | essen |

### Zeitform Präsens

**Seite 18**

2.
Über den Häusern wächst ein grauer Wolkenberg.
In der Ferne hört man einen Donner.
Da zuckt ein Blitz über den Himmel.

3.
hört – hören
wächst – wachsen
zuckt – zucken

**Seite 19**

4.
Auch Peter und Mia bemerken das Gewittter.
Sie kommen vom Schwimmbad und laufen schnell ins Haus. Die beiden Kinder schauen aus dem Fenster.
Blitz und Donner folgen immer schneller aufeinander. Plötzlich hagelt es!

5.
Individuelle Lösung; Beispielsätze:

Ich schwimme gern. Ich trinke gern Apfelsaft.
Er rennt um das Haus. Er zittert vor Kälte.
Wir lesen im Lesebuch. Wir rennen um die Wette.

### Zeitform Perfekt

**Seite 20**

1.
Gestern hat es den ganzen Tag geregnet.
Nachmittags haben Oma und Opa uns besucht.
Wir haben unsere Regenjacken angezogen
und sind zusammen in den Wald gegangen.
Das hat trotz des Regens viel Spaß gemacht.

2.

| Grundform | Perfekt |
|---|---|
| regnen | es hat geregnet |
| besuchen | sie haben besucht |
| anziehen | wir haben angezogen |
| gehen | wir sind gegangen |
| machen | es hat gemacht |

**Seite 21**

3.

| Grundform | Perfekt |
|---|---|
| treffen | wir haben getroffen |
| sehen | wir haben gesehen |
| sagen | Opa hat gesagt |
| finden | Oma hat gefunden |

4.
Im Wald haben wir keine anderen Leute getroffen.
Wir haben jede Menge Pilze gesehen.
Opa hat uns ihre Namen gesagt.
Oma hat Steinpilze gefunden.

**Zeitform Präteritum**

### Seite 22

1.
Im Juli 2021 gab es in einigen Landesteilen heftigen Starkregen. Es regnete so viel, bis die Flüsse über die Ufer traten. Kleine Bäche wurden zu reißenden Fluten. Das Wasser zerstörte Häuser, Straßen und Brücken. Menschen retteten sich auf die Hausdächer.

2.

| Grundform | Präteritum |
|---|---|
| geben | es gab |
| regnen | es regnete |
| treten | sie traten |
| werden | sie wurden |
| zerstören | es zerstörte |
| sich retten | sie retteten sich |

### Seite 23

3.

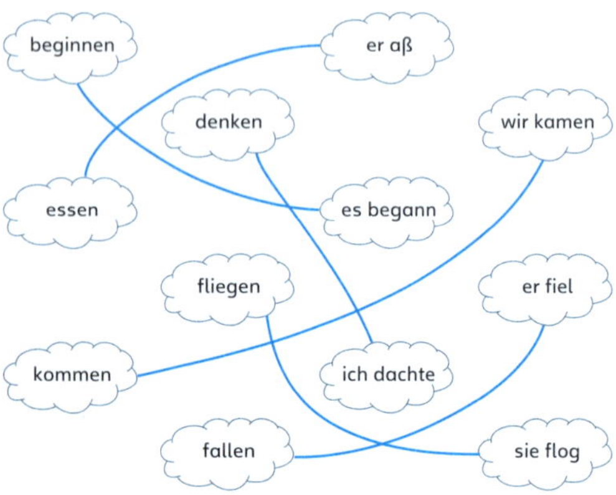


4.
Individuelle Lösung; Beispielsätze:

Der Ball flog ins Tor.
Sie kamen zu spät zum Training.
Wir begannen noch mal von vorn.
Er fiel auf die Knie.

## Wortart Adjektiv

**Adjektive erkennen**

### Seite 24

2.

3.
Meine Frucht ist gelb.
Sie ist sauer.

Meine Frucht ist gelb.
Sie ist krumm.

Meine Frucht ist rot.
Sie ist hart.

Meine Frucht ist rot.
Sie ist weich.

### Seite 25

4.
Individuelle Lösung; mögliche Antworten sind:

| Diese Eigenschaften mag ich bei Menschen: | Diese Eigenschaften mag ich nicht bei Menschen: |
|---|---|
| sportlich | boshaft |
| nett | gemein |
| witzig | schmutzig |
| hilfsbereit | streng |
| musikalisch | frech |

5.
Die vier Adjektive sind:
dick
komisch
durstig
kurz

### Mit Adjektiven vergleichen

#### Seite 26

1.
Der Vater ist alt.
Die Oma ist älter.
Der Uropa ist am ältesten.

2.
Der Jugendliche ist jung.
Das Grundschulkind ist jünger.
Das Baby ist am jüngsten.

#### Seite 27

3.
Der Rosenkäfer ist klein.
Der Leuchtkäfer ist kleiner als der Rosenkäfer.
Der Kartoffelkäfer ist auch kleiner als der Rosenkäfer.
Der Kartoffelkäfer ist so klein wie der Leuchtkäfer.
Der Marienkäfer ist am kleinsten.

4.
Individuelle Lösung; Bespielsätze:

Der Maikäfer ist größer als der Marienkäfer.
Der Leuchtkäfer ist kleiner als der Maikäfer.

### Adjektive in Sätzen verwenden

#### Seite 28

1.
Am blauen Meer
Das blaue Wasser glitzert in der Sonne.
Was ist das heute für ein blauer Himmel!
Am Strandaufgang gibt es ein blaues Umkleidehäuschen.

2.
blauen
blaue
blauer
blaues

3.
Dort steht eine große Sandburg.
Sie wurde von großen Kindern gebaut.
Außen wurde ein großer Graben angelegt.
Das war für alle ein großes Vergnügen!

#### Seite 29

4.
Der Löwe ist stark. → der starke Löwe
Der Gepard ist schnell. → der schnelle Gepard
Das Krokodil ist träge. → das träge Krokodil
Das Zebra ist schreckhaft. → das schreckhafte Zebra
Die Giraffe ist groß. → die große Giraffe
Der Elefant ist riesig. → der riesige Elefant

5.
Auf dem Sandhügel sitzt das wachsame Erdmännchen.
Im Schatten döst der einsame Büffel.
Den Horizont beobachtet eine gestreifte Hyäne.
Am Himmel kreisen die hungrigen Geier.
Die Wasserstelle riechen die durstigen Gnus schon von Weitem.

6.
das wachsame Erdmännchen
der einsame Büffel
eine gestreifte Hyäne
die hungrigen Geier
die durstigen Gnus

## Der Satz: Satzglieder

### Satzglieder ordnen

#### Seite 30

2.
Richtig sind diese beiden Sätze:
In eine Jugendherberge fährt Pauls Klasse.
Pauls Klasse fährt in eine Jugendherberge.

#### Seite 31

3.
Individuelle Lösung; es gibt mehrere Möglichkeiten:

Die Kinder tragen ihre Koffer zum Bus.
Zum Bus tragen die Kinder ihre Koffer.
Ihre Koffer tragen die Kinder zum Bus.

4.
Individuelle Lösung; Beispielsätze:

Die Lehrerin küsst zum Abschied den Bus.
Der Schulhund beruhigt geduldig die Kinder.
Sarah küsst aufgeregt ihr Kuscheltier.

### Satzglieder umstellen

#### Seite 32

1./2./3.
Die Klasse wohnt während der Klassenfahrt in einer alten Burg.
Während der Klassenfahrt wohnt die Klasse in einer alten Burg.
In einer alten Burg wohnt die Klasse während der Klassenfahrt.

#### Seite 33

4.
a) Erkunden die Kinder am Nachmittag die Burg?
b) Gibt es zum Abendessen eine Suppe?
c) Verteilt die Lehrerin anschließend ein paar Süßigkeiten?

**Das Subjekt finden**

**Seite 34**

1.
Frage: Wer kümmert sich um die Sauberkeit?
Subjekt: die Reinigungskräfte

Frage: Wer sorgt für die Pflege der Grünanlagen?
Subjekt: ein Gärtner

Frage: Wer kocht für die Gäste?
Subjekt: mehrere Köche

**Seite 35**

2.
Der Herbergsvater zeigt den Kindern den Tischtennisraum.
Wer zeigt den Kindern den Tischtennisraum?
der Herbergsvater

Beim Rundlauf kommen die Kinder aus der Puste.
Wer kommt aus der Puste?
die Kinder

Adrian und Mina schnappen sich sofort zwei Tischtennisschläger.
Wer schnappt sich sofort zwei Tischtennisschläger?
Adrian und Mina

Zum Schluss besiegt Ana die Lehrerin.
Wer besiegt die Lehrerin?
Ana

3.
Individuelle Lösung

**Pronomen und mehrere Wörter als Subjekte**

**Seite 36**

1.
Dazu werden viele Löcher in ein Holzstück gebohrt.
Frage: Was wird dazu in ein Holzstück gebohrt?
Subjekt: viele Löcher

Die heimischen Wildbienen sind unterschiedlich groß.
Frage: Wer ist unterschiedlich groß?
Subjekt: die heimischen Wildbienen

Deshalb bohren die Kinder unterschiedlich große Löcher.
Frage: Wer bohrt unterschiedlich große Löcher?
Subjekt: die Kinder

**Seite 37**

2.
Den ganzen Tag beantwortet der nette Experte vom Naturschutzbund viele Fragen.
Er kann alle heimischen Wildbienenarten unterscheiden.
Tatsächlich sticht keine der über 500 Wildbienenarten den Menschen!
Sie sind ganz harmlos.

3.
Die Subjekte sind unterstrichen:

Die Kinder arbeiten in Gruppen zusammen.
Sie geben sich große Mühe.
Fünf Kinder gehören jeweils zu einer Gruppe.
Zum Schluss sind vier Wildbienenhotels fertig.
Sie sind gut gelungen!

**Das Prädikat finden**

**Seite 38**

1.
Andere basteln Fensterbilder.
Frage: Was tun andere?
Prädikat: basteln

Johann, Joe und Theo hören ein Hörspiel.
Frage: Was tun Johann, Joe und Theo?
Prädikat: hören

**Seite 39**

2.
Was tun Johanna und Emir? malen (Bild 4)
Was tut Herr Schütte? schreiben (Bild 1)
Was tut Mina? lesen (Bild 2)
Was tun Nola, Esma und Katinka? trinken (Bild 3)

3.
Individuelle Lösung; es soll eine der vier Möglichkeiten aufgeschrieben werden.

Johanna und Emir malen.
Frage: Was tun Johanna und Emir?
Prädikat: malen

Herr Schütte schreibt.
Frage: Was tut Herr Schütte?
Prädikat: schreiben

Mina liest.
Frage: Was tut Mina?
Prädikat: lesen

Nola, Esma und Katinka trinken.
Frage: Was tun Nola, Esma und Katinka?
Prädikat: trinken

### Zweiteilige Prädikate

#### Seite 40

1.
Quer über die Stöcke haben sie Zweige geschichtet.
Frage: Was haben sie getan?
Prädikat: haben geschichtet

Den Boden des Unterschlupfes hat Finn mit Blättern gepolstert.
Frage: Was hat Finn getan?
Prädikat: hat gepolstert

Frau Herken hat sofort das weiche Waldbett ausprobiert.
Frage: Was hat Frau Herken getan?
Prädikat: hat ausprobiert

#### Seite 41

2.
Die Kinder haben Paare gebildet.
Das erste Kind hat sich die Augen verbunden.
Das zweite Kind hat das erste durch den Wald geführt.

3.
Die Prädikate sind unterstrichen:

An irgendeinem Baum haben sie angehalten.
Das erste Kind hat die Rinde des Baums genau befühlt.
Dann hat das zweite Kind das erste Kind einige Meter weggeführt.
Das erste Kind hat anschließend mit offenen Augen seinen Baum gesucht.
Anschließend haben sie die Rollen getauscht.

## Der Satz: Satzarten und Satzzeichen

### Aussagesätze

#### Seite 42

1.
Einmal im Monat findet in der Schule die Kinderkonferenz statt. In der Kinderkonferenz besprechen die Kinder alle Themen, die sie wichtig finden.

Heute wird über den Schulhof gesprochen. Die Klassensprecher und Klassensprecherinnen haben in ihren Klassen die Wünsche der Kinder gesammelt.

Viele Kinder wünschen sich einen zweiten Basketballplatz. Dann könnten mehr Kinder während der Pause Basketball spielen.

Schon vor einiger Zeit wurde die Erweiterung der Grünflächen beschlossen. Für die neuen Beete muss immer noch ein Teil des Pflasters entfernt werden.

Außerdem wird der Vorschlag gemacht, eine Anlage zur Nutzung von Sonnenenergie anzuschaffen.
Vielleicht könnte sich die Technik-AG darum kümmern.

#### Seite 43

2./3.
Auf dem Schulhof haben alle viel Spaß.
In der Regentonne ist Wasser übergelaufen.
Auf der Wippe wippen immer mehr als zwei Kinder.
Im Gartenhaus sieht es im Moment wenig einladend aus.

### Aufforderungssätze und Ausrufe

#### Seite 44

1.

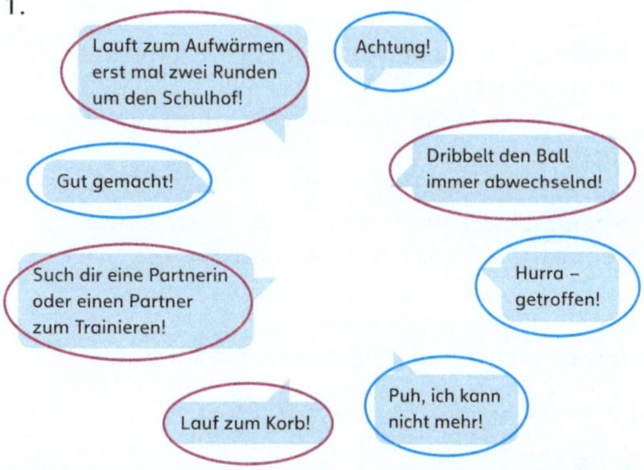


#### Seite 45

2.

| Grundform | Befehlsform Einzahl | Befehlsform Mehrzahl |
|---|---|---|
| trinken | trink | trinkt |
| rufen | ruf | ruft |
| essen | iss | esst |
| nehmen | nimm | nehmt |
| holen | hol | holt |

3.
Hört sofort auf damit!
Leg das jetzt endlich weg!

**Fragesätze**

**Seite 46**
1.
Individuelle Lösung; es sollen drei dieser Sätze sein:

**Wie** funktionieren Solaranlagen**?**
**Wo** könnten wir die Solaranlage aufstellen**?**
**Was** kostet wohl eine Solaranlage**?**
**Wer** spricht Herrn Borchert von der Technik-AG an**?**
**Wie viel** Strom erzeugt eine kleine Anlage**?**
**Worauf** müssen wir beim Bau achten**?**

**Seite 47**
2./3.
So gehören die Sätze zusammen; die Verben am Satzanfang der Fragesätze sind markiert.

Rufen Sie Herrn Borchert von der Technik-AG an?
Ich rufe Herrn Borchert von der Technik-AG an.

Weißt du, wo in der Nähe eine Solaranlage auf dem Dach ist?
Ich weiß, wo in der Nähe eine Solaranlage auf dem Dach ist.

Arbeitet dein Vater nicht in einer Solar-Firma?
Mein Vater arbeitet in einer Solar-Firma.

4.
Nutzen immer mehr Menschen die Solarenergie?

**Satzschlusszeichen unterscheiden**

**Seite 48**
1.
Sabrina und Marc leiten die Garten-AG.
Sabrina erklärt: Dieser ganze Bereich wird der Schulgarten.
Pit will wissen: Aber was passiert dort, wo alles gepflastert ist?
Elisa ruft: Das ganze Pflaster kommt weg!
Marc lacht: Das ist richtig! (hier könnte auch ein Punkt stehen)
Und das Unkraut müssen wir auch noch entfernen. (hier könnte auch ein Ausrufezeichen stehen)
Aber wir müssen erst überprüfen, ob zwischen dem Unkraut eine Ambrosia-Pflanze wächst.
Theo will wissen: Was wäre so schlimm an einer Ambrosia?
Marc erklärt: Die Ambrosia ist eine Pflanze, gegen deren Pollen viele Menschen allergisch sind. Wenn man sie entfernen will, sollte man Handschuhe und einen Mundschutz tragen.
Mina ruft: Igitt!

**Seite 49**
2.
Individuelle Lösung

3.
Das ist eine Ambrosia-Pflanze. (Aussagesatz)
Das ist eine Ambrosia-Pflanze! (Ausruf)
Das ist eine Ambrosia-Pflanze? (Fragesatz)

**Kommas bei Aufzählungen**

**Seite 50**
1./2. Die Aufzählungen sind markiert.

In einem Bereich des Gartens sollen Nutzpflanzen gepflanzt werden. Bei einigen Nutzpflanzen werden die Früchte gegessen, wie zum Beispiel Kirschen, Äpfel, Tomaten oder Erdbeeren. (2)

Bei anderen Nutzpflanzen isst man andere Teile der Pflanze, wie zum Beispiel bei Möhren, Kartoffeln oder Salat. (1)

Marc und Sabrina haben viele Bücher mitgebracht, in denen Bäume, Sträucher, Stauden und andere Pflanzen genau beschrieben sind. (2)

Nächste Woche wollen sich Sabrina, die Kinder und einige Eltern in einem Pflanzenmarkt informieren. (1)

**Seite 51**
3.
Emmas Lieblingsblumen sind Tulpen, Osterglocken, Krokusse und Rosen.

4./5.
Die Aufzählungen sind markiert.

Die Bäume passen gut neben den Zaun, neben das Gartenhaus und neben das Tor.
Für den hinteren Teil des Gartens nehmen wir niedrige Heidelbeersträucher, buschige Johannisbeersträucher, mehrere Stachelbeerbüsche und Himbeerpflanzen.
In die Kräuterspirale pflanzen wir Kräuter wie Rosmarin, glatte und krause Petersilie, verschiedene Basilikumsorten und Schnittlauch.

**Wörtliche Rede**

**Seite 52**
1./2.
Frau Herken sagt: „Jede Klasse soll sich für das Fest ein Spiel für die Gäste ausdenken. Außerdem übernimmt jede Klasse eine weitere Aufgabe."
Tim fragt: „Was für eine Aufgabe müssen wir denn übernehmen?"

Frau Herken erklärt: „Unsere Klasse ist doch besonders im Schulgarten aktiv. Darum sind wir dafür zuständig, Eltern für die Garten-AG zu gewinnen."
Emma lacht: „Sowas kann ich super!"

**Seite 53**

3.
Liam schlägt vor: „Wir könnten uns als Spiel ein Quiz über die Namen der Pflanzen ausdenken."

Mathilda ergänzt: „Ja, super! Dazu könnten wir an manche Pflanzen im Schulgarten große Nummern auf Schildern aufstellen."

Tom meint: „Wer alles richtig hat, bekommt einen kleinen Preis."

**Redezeichen bei vorangestelltem Begleitsatz**

**Seite 54**

1./2.
Die Begleitsätze sind rot markiert, die wörtliche Rede blau.

Frau Herken fragt: „Wie klappt das Pflanzen-Quiz?"
Sibel sagt: „Sieben Kinder haben schon alle Fragen richtig beantwortet."
Benno meint: „Ganz viele Eltern wollen auch mitspielen.
Anna ruft: „Aber für die vielen Erwachsenen haben wir nicht genug Preise!"
Frau Herken lacht: „Das ist doch toll, wenn das Spiel auch den Eltern gefällt."

**Seite 55**

3.

| | |
|---|---|
| Eine Mutter möchte wissen | Ich bitte alle, zur Preisverleihung zu kommen. |
| Die Schulleiterin ruft | Hurra! Ich habe den ersten Preis gewonnen. |
| Elyas jubelt | Was muss ich in der Garten-AG denn machen? |

4.
Eine Mutter möchte wissen: „Was muss ich in der Garten-AG denn machen?"
Die Schulleiterin ruft: „Ich bitte alle, zur Preisverleihung zu kommen."
Elyas jubelt: „Hurra! Ich habe den ersten Preis gewonnen."